Rudern

Rudern

Ein fröhliches Wörterbuch für Schlagfertige und Pullanfänger, Renner auf Wasserwegen, Steuerhinterzieher, Krebsfänger und alle Pinselsportfreunde und Dollenfettfans.

Von Hans-Dietrich Schwandt
mit Zeichnungen von Karl-Heinz Schoenfeld

© Tomus Verlag GmbH, München 1990
Alle Rechte der Verbreitung, auch durch Fernsehen, Funk, Film,
fotomechanische Wiedergabe, Bild- und Tonträger jeder Art, sowie
auszugsweiser Nachdruck vorbehalten.
Satz: Buchdruckerei Loibl, Neuburg a. d. Donau
Druck: Cantz, Ostfildern
Bindearbeiten: Sigloch Buchbinderei, Künzelsau
1 2 3 4 5 6   92 91 90
(Jeweils erste und letzte Zahl maßgeblich)
ISBN 3-8231-0172-2

A

ABCD-Boote Aller Anfang ist schwer. Demzufolge erläutert Ruderwart Rolf Riemenbruch einem Neuling, der sich zum ersten Mal in einer Ruderkahngarage umsieht, daß ein D-Boot so breit wie, aber aus anderem Holz geschnitzt als ein A-Boot, wenn nicht überhaupt aus Kunststoff ist, woraus man auch C-Boote macht, die wiederum aus anderem Holz als B, jedoch keine Rennboote, natürlich schmaler als A geformt und so munter fort. Nur wenn Ruderwart Rolf Riemenbruch zugibt, daß er dieses ABC auch noch nie begriffen hat, besteht eine hauchdünne Chance, daß der Neuling nicht auf Nimmerwiedersehen flüchtet.

Der Sammler der vielen Begriffe in diesem Buch gesteht also gern sein begrenztes Begriffsvermögen. Er kommt damit einem dringenden Wunsch des Verlegers nach, der diesem Buch eine hauchdünne Chance geben möchte, daß man es ansieht, aufschlägt, womöglich sogar liest, vor allem aber kauft.

Abdrehen Handarbeit im Boot, mit der die Luftdruckbremse bei den Ruderblättern abgestellt wird.

Ablaßschraube
1. Veraltete Art von Spenden-Aktion, von Martin Luther heftig bekämpft.
2. Veraltete Einrichtung in einem Spundloch unten im Ruderboot. Daher stets zugerostet oder zugekalkt, wenn eine Mannschaft das bis zur Sitzfläche im Boot stehende Wasser loswerden, aber dazu nicht erst an Land gehen will.

Ablegen
1. Manöver mit dem Boot, um möglichst ohne Kentern und Blattbruch so viel Wasser zwischen Steg und Dollbord zu bringen, daß man die Pinsel dort eintauchen kann.
2. Vorstandsarbeit, alle ins Geld gehenden Vorschläge in Ruderklub-Versammlungen betreffend.

Absaufen	Siehe Wasser übernehmen.
Abscheren	Hat mit Bart oder Wolle nicht das geringste zu tun. Beim Rudern werden Rasier- und andere Messer nicht benötigt. Man muß nur den Löffel so aus der Brühe bringen, daß er ohne viele Spritzer mit der Wölbung nach unten über der Brühe schwebt, und so, daß man mit dem Stiel nicht an die Kniescheibe stößt.
Achter	Ein Ruderboot, dessen zwanzig Meter Länge erst voll zur Wirkung kommen, wenn man den Achter zweckentfremdet über Land zu transportieren versucht. Nachdem man ihn ganz oben auf einem Bootsanhänger festgezurrt hat, wundert man sich immer wieder, wieviele Ampeln und Laternen man zwischen Zugfahrzeug und Achterspitze einfängt. Ein Achter, der auf dem Wasser bewegt wird, enthält neun Sportsfreunde, von denen einer für Kurs und Kommando, acht für Knüppelantrieb zuständig sind.
Adam	Urvater der Rennruderer, pflückte vom Baum seiner Erkenntnis viele goldene Radaddelchen. Erfinder der Hantel, der Motivation, des Intervalls und des Adam-Achters. Seinerzeit erster Ruderprofessor der Akademie Ratzeburg am Küchensee. Wird oft und falsch zitiert.
Alles voraus los	Häufiges unbesonnenes Kommando von Steuerleuten, bevor geklärt ist, wer das alles da vorn wieder festmacht.
Angler	Hoffnungsvolle Geduldige, die ihre Regenwürmer in der Regel so baden, daß sich die Wurmhaltestrippe zwischen Boot und Steuer verhakt. Zwei Möglichkeiten: dem davontreibenden Wurmhaltestock nachschauen oder nachspringen.
Anlage	1. Schriftstück, auf das in einem Schrieb vom Klubvorstand verwiesen wird, das aber nicht beiliegt.

2. Möglichst wertbeständige und ertragreiche Festlegung von Kapital. Danach ist eine Anlage in Bootshäusern und Ruderbooten heller Wahnsinn.
3. Von Anton Anlage erfundene rudertechnische Einrichtung. Seither darf man das rechte mit dem linken Ruderholz nur vertauschen, wenn man lauter Tiefschläge machen und Preisträger im Krebsfangen werden will. Da kein Ruderer die rudertechnische Einrichtung namens Anlage mit ihren mysteriösen Winkeln kapieren kann, beschäftigt seither auch jeder Ruderklub einen Anlageberater, der sich auf alle Winkelzüge versteht.

Anlegen Der Versuch, Land zu gewinnen. Falls ein Steg vorhanden: Man hält mit dem Boot auf den Steg zu. Das oder der wird schon heil bleiben.
Falls kein Steg vorhanden: Irgendwo unter der Wasseroberfläche wartet immer ein Stein, dick und spitz genug, daß er sich ins Boot bohrt und die Fahrt stoppt, bevor man das Ufer rammt.

Aufdrehen Handarbeit im Boot. Man stellt die Blätter in den Wind, indem man ein bißchen am Blattstiel dreht. Was dann kommt, ist ein Schlag ins Wasser.

Ausbildung Es gibt zwei Wege, einen Ruder-Azubi dahin zu bringen, daß er, knapp oberhalb einer Wasserfläche auf einem wackligen Brett mit Rollen hockend und mit den Füßen festgebunden, gleichzeitig, rechtzeitig, nach- und voreinander, gut abgestimmt und wohldosiert mit Knien, Schultern, Handgelenken, Po, Ellenbogen einiges tut, was jedem menschlichen Bewegungsdrang völlig entgegenläuft.
Erster Weg von Anno Damals: Der Azubi mußte erst einmal wochenlang Stummelknüppel auf einem Bock bewegen, den man neumodisch Heimtrainer nennt. Dann durfte er zusammen mit Weitgeruderten und Schlagfertigen in einen kippligen Kahn stei-

gen zu einer ersten fürchterlichen Holzerei mit Schweißausbrüchen.

Zweiter Weg Anno Heute: Ohne weitere Erklärung setzt man den Azubi in den schmalsten Einer, den man auftreiben kann, drückt ihm die beiden Knüppel in die Hände und stößt ihn damit möglichst weit aufs Wasser hinaus. Bis er zum fünften Mal wieder auftaucht, wird er das Gröbste wohl gelernt haben. Vor Bootshäusern an fließenden Gewässern muß die Methode noch verfeinert werden, weil man dort häufig ein Boot und einen Kopf in der Ferne entschwinden sieht, und solch ein Boot ist teuer.

Auslage Wenn er zum Schlag ausholt, geht ein Ruderer in die Auslage. Bei dieser Sportart ist es selbstverständlich, daß er dabei weder geht noch am Ende ausliegt. Er rollt. Dazu Professor Udo Umkehr: „Den Rücken dem zugewandt, was ungesehen vor ihm liegt, rollt er unwillkürlich dahin zurück, woher er gekommen, zieht sich ganz zusammen und zugleich zurück in die typische Embryo-Stellung, dabei die Arme flehend noch weiter nach rückwärts gestreckt . . ." Danke, Professor, dem ist nichts hinzuzufügen.

Dr. Kristin Krebs führt mehrere Kollisionen auf dem Wasser darauf zurück, daß der Steuermann zum Zeitpunkt des Unfalls die vortreffliche Auslage der Schlagfrau vor ihm begutachtete.

Ausleger An der Bordwand von Ruderbooten drunter und drüber angebrachte Gruppe kleiner Auspuffrohre mit einer Drehgabel am Ende, die man Dolle nennt.

Nach leichter Berührung mit Bojen und Brückenpfeilern wird dieses Picasso-Gestänge beiderseits von Ruderbooten auch in jeder Beuys-Ausstellung hoch geschätzt.

B

Backbord Hat nichts mit dem Backen kleiner Brötchen seitens des Klubvorstandes und auch nichts mit den Backen auf dem Rollsitzbrett zu tun. Im Boot hört man zwar oft den Ruf „Backbord überziehen!", aber die Angesprochenen rudern weiter, ohne nach etwas zu greifen, das sie überziehen könnten. Also kann Backbord auch keine spezielle Ruderbekleidung sein.

Gelegentlich taucht die vage Bestimmung eines Ortes auf, wo der Daumen des Steuermanns rechts und zugleich der des Ruderers links ist (oder war das umgekehrt oder bei Steuerfrau und Ruderin wieder ganz anders?).

Im Zweifelsfall ist da, wo der Kahn nach jedem Schlag hinkippt, bei dem Blatt, das die Mannschaft naßspritzt, bei der Dolle, die mitten im Durchzug abbricht, auf jeden Fall Backbord. Oder Steuerbord?

Bademeister — Ehrenbezeichnung für das Klubmitglied mit der höchsten Zahl von Versuchen, Rudersport mit Schwimmsport zu kombinieren.

Barke — Eine schwere Kiste, sehr breit und sehr lang, die man mühsam aufs Wasser schiebt. Oben ist sie teilweise offen, da kommen acht Riemenreißer hinein, außerdem zirka drei Strippenzieher, die sich über die einzuschlagende Richtung nicht einigen können.

Nach Fahrtbeginn ein Kreuzfahrtschiff mit Muskelantrieb, das man in Reiseprospekten vergeblich sucht. An Deck servieren die zweite Steuerfrau oder der dritte Steuermann, als Steward fungierend und eifrig im Mittelgang auf- und abeilend, trockenen Weißen und Roten, Obst, Gebäck und Spezialitäten der Kalten Küche.

BinSchStrO — Die Binnenschiffahrtsstraßenordnung gilt nicht auf Rhein, Donau, Mosel und den meisten Gewässern von Aasee bis Zwischenahner Meer, insbesondere nicht auf der Ruhr bis zum Gasthof „Zornige Ameise".

Die BinSchStrO regelt trotzdem den Wasserverkehr. Wenn man wieder aufgetaucht ist und die Reste vom Boot sowie das noch oben treibende Gepäck eingesammelt hat, ist derjenige welcher

Bootsanhänger

mit seiner Motoryacht in der Ferne entschwunden. Eigentlich wollte man den Süßwasserkapitän zur Rede stellen, aber vermutlich hatte er das Buch gar nicht an Bord und damit keine Gelegenheit, vor der Kollision die mannigfachen Ausweichpflichten auf verschiedensten Seiten nachzuschlagen.

Biokybernetik	Ebenso wie Biomechanik das eifrige Bemühen, absolut unverständlich zu machen, was in einem Ruderer beim Pullen vorgeht.
Blatt	Zum Rudern werden nur langstielige Blätter verwendet, weil man nur damit einen erstklassigen Blattsalat anrichten kann.
Blinklichter	Weltweit einzige Rückstrahler mit Schwarzlicht. Sie sind bei Ruderinnen und Ruderern links und rechts ein wenig unterhalb der Erziehungsfläche angebracht, wenn sie nach längerer Beinarbeit zwischen Stemmbrett und Rollbahn aus dem Boot klettern. Blinklichter sind dann mit der Bootshausdusche nur sehr mühsam, eher mit Sandstrahlgebläse zu löschen.
Bootsanhänger	Ein endlos langes, garantiert verkehrsberuhigendes Landfahrzeug hinter ausgedienten Kombis und rostigen Kleinwagen. Der Bootsanhänger blinkt beim Linksabbiegen rechts und wird auf Gassen und Plätzen mittelalterlicher Städte zum Abnehmen von Schildern sowie zum Abräumen von Marktständen verwendet.
Bootsgasse	Jedes Wasser zum Stehen zu bringen, das freundlich-friedlich durch die Gegend fließt, ist das Endziel vieler Landschafts-Strukturisten. Sie kennen sich vor allem mit Über- und Unterwasser-Beton aus. Einige von ihnen sind so edelmütig, neben einer großen Staumauer auch noch eine winzigkleine Betonrinne vom Ober- zum Unterwasser zu bauen. Auf dieser Rutschbahn sausen Ruderboote mit Höchstgeschwindigkeit zu Tal, solange Wasser durch die Rinne zischt. Und zwar ohne Schaden zu nehmen, sofern die Bootsinsassen dem, was ihnen auf der Rutsche bevorsteht, was vor dem Boot rauscht und braust, stur den Rücken

zukehren, auch bei zunehmender Schußfahrt stocksteif millimetergenau mitten im Boot sitzen, Ausschau nur nach hinten halten und weder mit den Schultern noch mit den Augenlidern zucken. Daher die Vorschrift, daß vor Benutzung einer Bootsgasse alle Mücken und Stechfliegen im größeren Umkreis einzufangen und zu erschlagen sind.

Bootshaus

Ruderkahn-Hangar, kommt in allen Spiel- und Stilarten von Pinselsportscheune bis Klub-Palais vor.

Das Bootshaus enthält in der Schlicht-Ausstattung neben der Bootsgarage mindestens ein Kluftwechselkabinett mit Naßzelle. Mit verbesserter Ausführung kommen größere Umkleidegemächer mit Berieselungsklausen, vor allem aber eine Rumpelkammer für Riemen- und Skullbruch und meist auch ein Ausschank dazu. Je nachdem, ob er als Pinte, Taverne, Kantine, Weinstube oder Kaschemme einzustufen ist, wird vom Zutritt mit dollenfettiger Ruderkluft mehr oder weniger abgeraten.

Der weitere dringend erforderliche Ausbau führt zu einem Bootshaus, dessen Kosten nun wirklich keiner mehr aufbringen kann. Immerhin hat man dann zusätzlich eine Folterkammer für Rennruder-Anwärter, eine elegante Kajüte für die Vorstandsbeamten und einen Wartesaal, in dem die Damen beim Ausgleichssport Tanz die Hoffnung nicht aufgeben, daß die Herren mal von ihren Stühlen hochkommen.

Bootsplatz

Entgegen jeder Wahrscheinlichkeit wissen erfahrene Pinselsportler manchmal, wovon die Rede ist:
1. Der Bootsplatz liegt zwischen Bootshaus und Gewässer und bietet Waschgelegenheit für Boote.
2. Die Bootsplätze liegen im Boot und sind vom Bug bis zum Heck numeriert.
3. Die Bootsplätze liegen in der Bootshalle. Der Bootswart besteht darauf, daß man den Kahn nach der Fahrt genau dort

wieder unterbringt — womöglich heil —, woher man ihn vorher genommen hat.
4. Der Bootsplatz liegt irgendwo an der Regattabahn und ist entweder für Besucher nicht zugänglich oder ein Schlammfeld, in dem Bootsanhänger stecken.

Bordgespräch Eine Unterhaltung mit dem Vorgesetzten führt man nur hintenrum, weil er einem dabei ständig in den Nacken starrt. Nur in der Barke kann man eine Nebenfrau haben, sonst spricht man an Bord nur mit Vorderfrauen oder Hintermännern. In einem Achter kommen manchmal vorn Fetzen vom Gespräch im Hinterschiff an. Von Platz zu Platz weitergeleitete Mitteilungen gelangen, wenn überhaupt, mit mehrfach gewandeltem Sinngehalt zum Empfänger.

Bug Vorderteil hinter dem Hinterteil der Bugfrau oder des Bugmannes. Der Bug wird seit Jahren nicht mehr mit Rammsporn, aber immer noch nicht mit Sicherheits-Knautschzone geliefert. Desungeachtet richten Steuerleute den Bug unbeirrt auf alles, was auf dem Wasser schwimmt: leere Tonnen, halbvolle Kanister, aaldurchsetzte Kadaver und dicke Baumstämme.
Im Rennen ist es einigermaßen gleichgültig, was von Mannschaft und Boot auf der Strecke bleibt. Der Bug allein muß vor den anderen Bugs, Bugen, Bügen oder wahrscheinlich Bügens über die nicht vorhandene Ziellinie kommen: Sieg!!!

Buhne Steiniges Querbauwerk, übt auf Ruderboote große Anziehungskraft aus, wenn leicht überspült.
Schon J. W. Goethe, F. Schiller oder B. Bunlegg sagten: Wer fest auf einer Buhne sitzt, ist sich des rechten Weges wohl bewußt.

Bug

C

Cambridge

Cambridge am Cam und Oxford an der Themse sind als Ursprungsorte der Ruderei weltweit bekannt und berühmt geworden. Interne Auseinandersetzungen, wer von beiden nun eigentlich derjenige welcher war, sollten die Welt dabei gar nicht so sehr interessieren. Bis zum heutigen Tag lassen aber Balkenüberschriften „Oxford schlägt Cambridge", „Cambridge schlägt Oxford" auf rauhbeinige Konkurrenzkämpfe schließen.

Bis zum heutigen Tag beteiligt man sich auf Cam und Themse auch gern an „Bumps", wohingegen dieser Sport, den Vorausfahrenden zu bumsen, im deutschen Sprachgebiet selten auf Wasser, aber alle Tage auf allen Straßen ausgeübt wird.

Corona

Sehr höfliche und dezente Beschreibung einer Gruppe von Wanderruderern, die nach vielen Ruderkilometern in ein Gasthaus einfällt.

D

Dollbord

Bord ist die Kurzfassung von Bootsrand. Darauf war in vorgeschichtlicher Zeit die Dolle angebracht. Heutzutage taucht erst die Dolle, danach erst der Bord ins Wasser, worauf dann die Mannschaft über Bord geht.

Dolle

In den Memoiren des vielgereisten Ludwig Löffelholz liest man, er habe „es in jedem Bootshaus mit mindestens vierzig dollen Typen zu tun gekriegt". Das wäre dann möglicherweise untertrieben. Nur steht der Satz dort, wo Ludwig Löffelholz die wunderbare Vielfalt der Bootsausrüstungen würdigt. Demnach können nur vierzig Typen Dollen gemeint sein, und das ist vielleicht doch übertrieben. Sicher ist, daß an einem Achter durchweg weniger als fünf verschiedenartige Drehgabeln außenbords auf den Auslegern montiert sind. Darin fädelt man die Riemen wasserwärts ein. Oder die Skulls, aber nicht: und die Skulls. Es sei denn, eine Doppeldolle spiele eine Doppelrolle.

Dollenfett Schmiermittel für Wasserfahrzeuge mit Muskel- und Knüppelantrieb, zunächst farblos, changiert aber bei Anwendung zu Hochglanz-Tiefschwarz auf Knüppeln, Haut, Haaren, Hosen, T-Shirts und Socken aller Beteiligten.

Donau Ruderstrecke bis zum Schwarzen Meer, auf der wahre (Über-)Lebenskünstler alljährlich sämtlichen Zivilisationsballast loswerden. Beispielsweise: Bett, Bad, Morgenzeitung, Frühstücksei, Wasserspülung . . .

Doppelvierer Ein Doppelvierer, in dem statt vier Ruderern die doppelte Anzahl beim Knüppelschwingen ist, wird niemals Doppelvierer genannt, sondern Barke.
Beim Doppelvierer, der Doppelvierer genannt wird, hat man nicht die Schwinger, nur die Knüppel verdoppelt. Siehe Doppelzweier.

Doppelzweier In einem Doppelzimmer wird die doppelte Anzahl von Personen untergebracht, aber das gilt nicht für ein Doppelboot. Das Doppel besagt lediglich, daß jedes Ruderholz auf der einen Seite genau gegenüber auf der anderen einen Doppelgänger hat.
Wenn im Zweier einer von den beiden Ruderknechten sich nur eine Spur weniger als der andere an seinem Riemen reißt, führt das gleich zu erheblichen Kursabweichungen. Über solche Kursabweichungen stritten im Mai 1842 die beiden Inhaber von Dröge & Druge noch, als sie nach gemeinsamem Frühsport auf der Alster in der Firma ankamen. Ihr Kontorist am hohen Pult blickte von seinem Kassenfolianten auf und erlaubte sich eine

Einer

Bemerkung: Die doppelte Buchführung habe sich auch hinsichtlich Steuern bewährt, ob sie es nicht einmal mit doppelter Blattführung versuchen wollten. Das war die Geburtsstunde des Doppelzweiers.

DRV Der Deutsche Ruderverband ist ein Verband der Vereine. Die haben das Sagen. Zumindest in jedem zweiten Jahr, begrenzt auf fünf Minuten.

Durchzug
1. Die in allen Bootshaus-Sälen und -Klubzimmern übliche Luftbewegung.
2. Eine vom Fahrttempo bestimmte Längs-Luftbewegung im Boot, besonders intensiv, wenn die weibliche oder männliche Nummer Eins in diesem Boot Gerichte mit Knoblauch schätzt.
3. Das Sich-am-Riemen-Reißen, wobei man statt an einem Riemen wahlweise auch an zwei Skulls zerren kann.

E

Einer Ruderboot für den Individualisten, der sich von anderen das Tempo nicht vorschlagen lassen will, und für den Eigenbrötler, der den hinter ihm liegenden Weg selbst wählen will.

Einsatz
1. der Feuerwehr. Wird mit schrillem Tatütata gestartet. Es folgt das Sprengen der Brandstelle mit Wasser.
2. der Jetons. Wird mit höflichem „Ihr Einsatz bitte" gestartet. Es folgt nicht das Sprengen der Bank, sondern der Einzug der Jetons vorwiegend zugunsten der Staatskasse.
3. der Blätter. Wird mit schroffem „Los" gestartet. Es folgt der Durchzug der Blätter durchs Wasser, möglichst mit Sprengkraft, wenn zwanzig Dicke angesagt werden: „EINSATZ

uuund ZWEI uuund HART uuund VIER uuund HÄRTER uuund ..."

Im Gegensatz zu der Feuerwehr und den Jetons werden die Blätter zu weiteren fünfzehn bis vierzig Einsätzen in der laufenden Minute benötigt.

Emanzipation

Die Gleichstellung der Frau ist immer noch „in" — aber eigentlich eine Nachstellung, bei der man auf Schrägstrichen besteht, von denen der Autor leider nicht genug für dieses ganze Buch hat: Ruderer/in, Senior/in, Skuller/in, Krebsfänger/in, Bootsanhänger/in undsofort/in.

In der Ruderei haben Steuerfrau und Schlagfrau längst die gleichen Rechte und Pflichten wie der entsprechende -mann. Deshalb ist es unverständlich, daß die Damen nicht mit den Ruderkollegen gleichziehen wollen, die mit der Vollendung des 27. Lebensjahres automatisch den Titel Alter Herr erwerben.

F

Fähre

Wie der Name sagt, ein gefährliches Wasserfahrzeug mit Querverkehr. Man unterscheidet:
1. die bösartige Fähre — legt beim Herannahen von Ruderbooten blitzartig ab, um sich wenigstens einen Kahn zu schnappen,
2. die heimtückische Fähre — legt ganz sachte und behutsam vom Ufer ab und geht dann unversehens zu einem rasanten Spurt auf Ruderboote über,
3. die gesättigte Fähre — bleibt faul am Ufer liegen,
4. und schließlich das Ungeheuer Katapult-Fähre. Sie ist irgendwo stromauf tiefunten im Flußbett festgebunden, setzt beim Wittern von Ruderbooten an und über. Das vorher unten im Fluß schlummernde Seil schnellt dabei mit Urgewalt genau

dort aus dem Wasser, wo es Boot und Insassen in hohe Luftsprünge katapultiert.

Fahrtleiter — Falls weiblich, Mutter, falls männlich, Vater, aber auch Alleinunterhalter, Quartiermacher, Hirtenhund, Prügelknabe, Kunstführer, Schleusenöffner und Diktator einer Gruppe von Wanderruderern.
Der Fahrtleiter ist verantwortlich für jedes Überangebot an Wellen, Wind, Regen und Sonne, für quietschende Rollsitze und Lecks im Boot, für zu lange Tagesetappen und zu wenig Ruderkilometer, für zu hohen Wasserstand und zu wenig Strömung, fade oder zu scharfe Kost, muffige und laute Quartiere, alle Gerüche im Boot sowie Staus auf der Heimfahrt.

Finish — Fremdwort für das, was den Zuschauern am Ziel einer Regattastrecke vorgeführt wird. Bei Ruderwettkämpfen zieht man das geruhsame Finish vor, das dem Publikum Erregungszustände erspart. Im vorausfahrenden Boot tauchen die Ruderrecken ihre Blätter gemütlich ins Wasser, bis die Zielglocke ertönt oder das Zielhorn blökt. In gebührendem Abstand folgen dann noch einige Boote, in denen die Pinsel etwas heftiger bewegt werden. Hin und wieder kommt es vor, daß zwei Boote vorausfahren, in denen harte Knüppelarbeit verrichtet wird, und das ist mit zickzack, ich voraus, du voraus immer lustig anzusehen. Dann muß man warten, bis die Elektronik fertig ist und der Lautsprecher den Sieger bekanntgibt.

FKK — Freiwilliger mit Kugelkupplung, der den Bootsanhänger zur Regatta oder zum Startplatz einer Wanderfahrt schleppt und weder Seitenwind noch starke Gefälle fürchtet. Die begehrteste Person in jedem Ruderklub.

Frontantrieb — Nur in Sonderanfertigungen der Bootswerften für Mannschaften, die ihren Steuermann nicht mehr sehen können und ihn des-

Gefahren

halb nach vorn verlegen. Bei den meisten Rennbooten sitzt der Antreiber aber nach wie vor im Heck.

G

Galeere — Antike Wasserarbeitsstätte für Sklaven und Sträflinge. Heute modernisiert mit Rollsitzen und freiem Ausblick nach hinten.

Gefahren — Gemeinsamer Wortstamm ist bedeutungsvoll bei Gefahren und Befahren eines unbekannten Gewässers. Eigentlich möchte man Berge, Burgen, Wälder, Wiesen, Campinggedränge, Kühe, Fohlen, Entlein, Städtchen und Atomkraftwerkchen bewundern. Stattdessen muß man im zuständigen Handbuch unentwegt nachschlagen, was da lauert:
Bei km 208,4 Steinbarriere, bei km 213-216 Pionierübungen, bei km 228,9 rechts im Altwasser angriffslustiger Schwan, keinen gelben Friesennerz tragen! Eine entsprechend nützliche Mode-Beratung fehlt bei km 235,1 Wehr, rechts umtragen über Wiese mit Bullen.
Fragwürdig ist der Hinweis: km 244,6 Grenze zwischen Baden und Bayern. Muß man beim Zollhäuschen anlegen und Taschen auspacken?
Heimtückisch ist der Rat bei km 258,3: rechts Randersacker, berühmte Bocksbeutel, Besuch empfehlenswert. Fragt sich nur, ob der Ratgeber da schon einmal nach solchem Besuch zum Weiterrudern am sonnigen Nachmittag ins Boot gestiegen ist. Oder es versucht hat.

Gesetze — Für Skat, Fußball, Tennis, Mensch-ärger-dich-nicht gibt es Spielregeln. Für Rudern gibt es Gesetze. Sie werden jedes Jahr neu und anders von Rudertagen, Kommissionen oder auch nur deshalb erlassen, weil sich niemand dazu geräuspert hat.

Wenn Ruderer Meyer Drei die Frage bewegt, ob er auch im nächsten Jahr zusammen mit seinem Kumpel ins Rennboot steigen darf, geht er am besten gleich zur Tante mit der Kristallkugel und den Karten. Denn bis zum nächsten Jahr hat sich alles geändert bei Geburtsregelung, Gemeinschaftsbildung, Klassenkampf, Startzahl, Bootsgattung, Gewinnmaximierung, Nacktgewicht und anderen Merkwürdigkeiten.

Ein Schelm hat in diese Gesetze auf mindestens jeder zweiten Seite das Wort „beschränkt" eingeschmuggelt.

Gewaltakt	Rudern.
Gig	Weibliche Spezies Ruderboot, etwas umfänglicher, vollschlanker oder einfach molliger als das Rennboot. Die olympiaverdächtigen Zwei-Meter-Giganten rudern nicht in der Gig.

H

Hausstrecke Gewässerabschnitt, den du am Mittwochabend und am Freitagnachmittag und am Sonntagmorgen vom Steg vorm Bootshaus bis zum Steg vorm Bootshaus beruderst.

Erst mußt du an dem scheußlichen Bau von diesem Dr. Duweißtschon vorbei. Gleich dahinter steht am Ufer die grüne Bank, auf der immer die Oma mit dem kläffenden Hund sitzt. Dann kommt dir links aus dem großen Betonrohr der gesammelte Mief von Klitschhausen entgegen.

Zwischen den beiden langen Buhnen darfst du die drei Enten nicht hochscheuchen, sonst stürzt da dieser Rotblonde aus dem Gebüsch zur Behörde und beantragt wieder einmal, deine Hausstrecke zum Naturschutzgebiet, für Ruderboote gesperrt, zu erklären. Oberhalb von den sechs hohen Pappeln rechts hockt der pessimistische Angler, der keinen Eimer für seinen Fang mit-

bringt. Und Trudi und Erna, die deinen Ruderkünsten bei den alten Trauerweiden kopfschüttelnd zusehen, kennst du als glückliche Kühe auch schon längere Zeit.

Heck   Bootshinterteil hinter dem Hinterteil des Steuermanns oder — falls kein Steuermann vorhanden — vor den Fäusten des Schlagmanns oder der Schlagfrau.
In der Gig bei längeren Fahrten der Standort für Flagge und Vorräte. Zu letzteren wird von alters her geraten:
Drum prüfe, wer im Boot sich schindet,
ob sich im Heck noch Wein befindet.

Herren-Klub   Konservative Gattung Ruderverein, kommt mit nur einem Umkleide- und Duschraum aus. Das Bootshaus, vor dem nur Jungen und Männer ins Boot steigen dürfen, liegt fast immer direkt neben dem eines Frauen-Rudervereins. Paare, die da in einem Auto zu getrenntem Sport anrollen, haben sich über den Zaun kennengelernt.

hipp, hipp, hurra!   Warum die Ruderer anno 1870/71 zum Hoch- oder Helau-Schreien das griechische Wort für Pferd mit dem üblichen Ruf auf Kaiser, König oder Reich verknüpft haben, hat um die Jahrhundertwende jemand absurderweise damit zu erklären versucht, daß Rudern wie Reiten ein Sport im Sitzen ist.
Neueste Forschungen brachten eine sehr einfache Entstehungsgeschichte zutage: Als damals der Präsident des Ruderclubs in Hamfurt ein Hurra auf den Spender einer Runde Rotspon ausbringen wollte, hatte er von eben diesem Rotspon einen Schluckauf. Schluckauf und Hurra wurden nach und nach von allen Ruderklub-Vorsitzenden übernommen.

Hochrhein   Ruderstrecke, die alle Pinselsportler kurz vor dem Rheinfall bei Schaffhausen vor die Entscheidung stellt: weiter rudern oder weiterrudern?

I

instabil	Alles, was bei dieser schönen Sportart an Land und auf dem Wasser bewegt wird. Einschließlich Mitgliedsbeiträge.
Intervall	Kurze Einlage einiger auf mittelhart reduzierter Ruderschläge im Training, bis das Herz nicht mehr ganz bis zum Hals schlägt, so daß da auch wieder etwas Luft herein kann.
irgendwo	Ortsbestimmung, wenn jemand in der Bootshalle nach den zum Boot gehörenden Rollsitzen, Bodenbrettern, Skulls oder gar nach Flagge, Steuer, Schraubenschlüssel, Bugleine fragt.

J

Jahresbeitrag	Kilometerpauschale für alles, was man im Laufe eines Jahres in und mit den Booten betreibt, zum Beispiel auch treiben lassen. Womöglich kommt ein Kilometerfresser mit je zwei Pfennig davon, wohingegen ein Bootsschoner, der nur eine kurze Gastrolle am Knüppel gibt, für jeden Kilometer das Zehntausendfache hinblättern muß.
Jahresumsatz	Gesamtsumme aller plötzlich nicht mehr verwendbaren Boote, sämtlicher Riemen- und Dollenbrüche, zahlreicher an irgendwelchen Ufern verschollener Pinsel, Flaggen, Rollsitze, Peikhaken, Werkzeugkästen. Hinzuzurechnen ist der Steg, der beim letzten Hochwasser davontrieb.
Jodler	Ruderer im Training, dem die Scheibenhantel auf den Fuß knallt. Es kann auch der Trainer sein.

Kielschwein

K

Kanal — Ruderstrecke, die im Ausland des öfteren von Landschaftsmalern, im Inland fast immer von Strichmännchen-Künstlern erschaffen wurde.

Kentern — Plötzliches unaufhaltsames Eintauchen eines Dollbords, was zu den merkwürdigsten Stellungen der Ruderblätter führt.
Das Kentern soll mit Gravitation zu tun haben, was wiederum mit Anziehungskraft zwischen Erde und Körper zusammenhängt. Da es aber rund um einen Ruderer gar keine Erde gibt, ist das mit der Gravitation irgendwie unklar. Desungeachtet kann im kipplige Skiff schon ein Niesen gravierend sein. Daß die breitere Gig um die Längsachse rotiert, ist prinzipiell unmöglich. Dennoch finden Ruderinnen und Ruderer gelegentlich immer wieder Berge und Täler von Wellen, um das Prinzip ad absurdum zu führen.
Der Psychologe Dr. Dollfreud spricht beim Kentern vom unbewußten Drang, die Tiefe zu ergründen, einem Drang, der ungewollte Reaktionen über beide Hände auf die darin geführten Knüppel auslöst, „verstärkt von der ebenso unbewußten Sehnsucht, nicht nur die dreckiggraue Wasserfläche ringsum anzustarren, sondern auch die Umweltschädigungskapazität der undurchschaubaren Flüssigkeit einer Individual-Analyse zu unterziehen".

Kielschwein — Zweibeiniger Ballast im Boot, der im Notfall vor dem Gepäck über Bord geht. Als Kielschweine nehmen erfahrene Mannschaften wegen der Tragfähigkeit der Boote nur leichte Mädchen mit.

Kilometerfresser — Ruderer, der zwecks Gesundheit, für eine Ehrenurkunde oder nur aus Spaß viele, viele Kilometer auf dem Wasser schruppt. Dem Rekordhalter des Jahres wird regelmäßig das Beileid ausgesprochen, weil er bei halber Erdumrundung im Ruderboot Arbeitsplatz, Familie und sein Heim verloren haben muß.

Kilometerzähler	Meßeinrichtung, die für Ruderboote noch erfunden wird. Vorläufig hat die Behörde an viele Gewässer Schilder mit Zahlen gestellt. Diese Kilometerzählung stimmt an der Weser nicht, weil man da von oben und von unten mit dem Schilderstellen begonnen hat und am Treffpunkt leider auf unterschiedliche Zahlen kam.
Kiste schieben	Rudern ist nichts anderes als eine ziemlich schwere und lange Kiste schieben. Sie können das gleich ausprobieren, auch wenn Sie gerade keine so schwere Kiste zur Hand haben: Holen Sie aus Keller oder Garage eine möglichst lange Brechstange, an einem Ende abgeplattet und scharfkantig oder mit Spitzen auslaufend, damit sie sich gut ins Wohnzimmerparkett verkrallt. Setzen Sie unter dem größten Schrank an, und siehe da: er läßt sich schieben! (Was eben geklirrt hat, bringt Glück.) Nachdem Sie nun alles über den einarmigen Hebel mit Angriff der Kraft, Angriff der Last und Stützpunkt wissen, sind Sie damit viel schlauer als 87,4 Prozent aller Ruderknechte und bringen beste Voraussetzungen mit, wenn Sie es auch einmal mit dem Wasser als Stützpunkt des Hebels versuchen wollen. Eine Warnung sei Ihnen auf den Wasserweg mitgegeben: Wenn Sie da, beispielsweise als Nummer Drei im Boot, auch Kiste schieben, können Sie mit der Brechstange von Nummer Zwei schmerzhaft ins Hinter(n)treffen geraten. Merke: Kiste schieben im Boot ist nicht gleich Kiste schieben mit einem Boot.
Klebeband	Wichtigste Erste-Hilfe-Ausrüstung, die mühsame Holzarbeiten erspart und auch länger hält. Diverse äußere Bootsdekorationen mit bunten Klebebändern dienen als Erinnerungszeichen, wieviele Lecks man mit diesem Kahn schon geschafft hat.
Klemmring	Dieser Ring wird auf eine weiße, grüne oder rote Manschette geschoben, die sich wiederum um eine dickere oder dünnere lange

Kilometerzähler

Holzstange schmiegt. Damit hat abermals die Produktion eines Ruderhebels ein gutes Ende genommen. Fortan dürfen viele, viele Ruderer mit immer neuen Relativitätstheorien über Innen- und Außenhebel den Klemmring auf der Stange hin- und herschieben. Daß man schließlich gar nicht mehr damit rudern kann, ist das Beklemmende daran.

Knack Geräusch, das ein Leck anzeigt, bevor sich Wasser um die Knöchel ringelt.

Kniescheiben Schutzplatten über den Kolbenstangen des Bootsantriebs. Solche Platten fehlen bei den Pleuelstangen am Ellenbogen.

Knüppel siehe Löffel.

Kopf Einziger Körperteil, der beim Rudern nicht beansprucht wird.

Kraftraum Folterkammer. Darin unterzieht der Trainer zwar die Gewalttäter unter den Ruderern noch manch peinlichem Verhör, spart sich aber sonst die mühevolle Arbeit und feuert sie nur an, sich selbst zu martern.
So ist an die Stelle von Rute und Knute die vielseitiger verwendbare Hantel getreten, aus der Streckbank wurde die viel üblere Sprossenwand, aber das technische Monstrum für Beinstoß und Armzug gibt es wie im Mittelalter, nur daß es inzwischen auf Selbstbedienung umgestellt wurde.

Krebse Schalentiere, die noch nie jemand gesehen hat, die aber in allen ruderbaren Gewässern leben und des Ruderers Blatt festhalten, wenn er es aus dem Wasser herausheveln möchte. Anfänger fangen laufend Krebse, Rennruderer nur im führenden Boot kurz vorm Ziel, um anderen zum Sieg zu verhelfen.
Knüppelsportlern, die überempfindlich für harte Stöße gegen Rippen und Magen sind, wird das Krebsfangen bei hartem Durchzug nicht empfohlen. Im Extremfall führt es zu einem

allgemeinen Unlustgefühl nach dem Wiederauftauchen, wenn der Krebs den Außenhebel im Wasser festgehalten und der Innenhebel den Krebsfänger aus dem Boot katapultiert hat.

Kreuzwellen Wellensalat, der mit Reflektion zu tun hat, vor allem aber mit den Wasserbauern.
Wie die Eierfarmer den Hühnern, verweigern die Wasserbauer den Wellen jeglichen Auslauf. Zu diesem Zweck verschönern sie alles, was fließt, aber auch stehendes Wasser mit Spundwänden, Mauern und möglichst steilen Steinböschungen. Danach stehen sie tage-, wochen-, jahrelang an ihrer Uferkante und bewundern voll Entzücken, wie mannigfaltig ankommende und zurückgeworfene Wellen sich kreuzen und immer höher hinauswollen, ergötzen sich am Tohuwabohu von Brechern, Gischt und abgesoffenen Ruderbooten.

Kurbeln Langwierige Schufterei an Schleusen aus der guten alten Zeit der Handarbeit. Wer oben einfahren, absinken und unten ausfahren will, muß unteres Schott zukurbeln, oberes Schott aufkurbeln, oberes Tor aufkurbeln, oberes Schott zukurbeln, oberes Tor zukurbeln, unteres Schott aufkurbeln, unteres Tor aufkurbeln, unteres Schott zukurbeln, unteres Tor zukurbeln . . .
Knut Knüppelschlag behauptet, er könne die Reihenfolge so variieren, daß oberhalb der Schleuse ein größerer Landstrich trockengelegt wird und man in den Orten unterhalb auf den Straßen rudern kann.

Kurve Die Pullogie befaßt sich mit drei Sorten von Kurven:
1. die Außen- und Innenkurven von Wasserwegen, bei denen man nie weiß, bei welcher Krümmung, welchem Gegenverkehr, welcher Strömung, welchen Wassertiefen man sie auf welche Weise in welchem Winkel ansteuern soll.
2. die Ober- und Unterkurven, die sich auf geduldigem Papier oder flimmerndem Bildschirm über Hunderte von Meßergeb-

nis-Punkten schlängeln. Leider lassen diese Fieberkurven sich nicht auswerten, auch wenn sorgfältig an Puls, Ruderblatt, Hand, Lunge, Dolle und im Blut des Ruderers gemessen wurde. Der Datenverarbeitung fehlen die Werte dafür, ob dieser Ruderer auf harten Durchzug konzentriert war oder mehr an die Kurven einer Ruderin gedacht hat.

3. die Kurve, die jeder Ruderer kratzt, wenn er einen Besen, eine Schaufel oder den Sand aus den Ecken im Boot holen soll.

L

Landdienst

Das schwere Los beim Wanderrudern, das heute die und morgen jene trifft und überfordert: mit Kombi und Gepäck nebenherfahren, Gefahren auskundschaften, Nachschub an Getränken und Klopapier besorgen, Anlegeplätze suchen, Schleusenmeister umschmeicheln und mit Trinkbarem versorgen . . .

Wenn die Ruderinnen und Ruderer, vom Wolkenbruch durchnäßt oder vom Sonnenstich bedroht, mit den Booten am vereinbarten Ort anlegen, ist der Landdienst irgendwo weit zurück mit Panne, Schlafen oder Nicht-Landkarten-Lesen-Können beschäftigt.

Vor allem sollte der Landdienst auf einem idyllischen, schattigen Platz am Ufer mittags aufbauen, was einem großen Kalten Buffet zumindest nahekommt, und gegen Hunde, Kühe, Fliegen verteidigen.

Wer mittags verhungert und verdurstet anlandet, findet zwar eine Menge Kuhfladen, aber nichts Eß- und Trinkbares vor, da der Landdienst den Kombi auf einer meilenweit entfernten Uferwiese im Morast festgefahren hat.

Leck

Lecks entstehen von innen:
1. beim Einsteigen, wenn man das Trittbrett verfehlt, weil es mit dem Boot etwas abgetrieben ist;

2. beim Aussteigen, wenn man das feste Land verfehlt, weil es sich vom Boot etwas abgesetzt hat;
3. beim Öffnen von Flaschen im Boot, wenn ein zunächst sehr hartnäckiger Korken schließlich nachgibt.

Lecks entstehen von außen:
1. beim Anlegen (siehe Anlegen);
2. bei den knapp überspülten Felsbrocken mitten im Fluß, vor denen man die Kumpels im anderen Boot eben noch gewarnt hat.

Leichtgewichte

Weitere Bemühung der Ruderer, dem Boxsport nachzueifern, denn Linksausleger und Rechtsausleger hat man ja seit langem. Auf dem Weg zu Papier-, Fliegen-, Federgewichtsklassen im Rennboot wurde ein erster Schritt mit denen getan, die gewogen und zu leicht befunden wurden.

Leichtgewichte müssen öfter schwitzen und dürfen zwei Wochen vor einer Regatta nichts mehr zu sich nehmen, wenn sie wenigstens mit fünf Gramm weniger als erlaubt auf die Waage am Start kommen wollen. Daher sehen einige etwas luftgetrocknet aus.

Löffel

Siehe Pinsel.

M

Mosel

Ruderstrecke mit den meisten Anlegemöglichkeiten für Getränke-Nachschub.

N

Niederknüppeln

Ruderwettkämpfe kommen nur in den Schaltjahren einmal im Fernsehen vor, und wenn es wirklich dramatisch wird, bekommt

Mosel

Nummer

man nichts davon zu sehen. Im öffentlich-rechtlichen gibt es zwar Serien von Brutalitäten, aber wenn der Sprecher berichtet, daß die eine Mannschaft die andere niederknüppelt, flimmern auf der Scheibe nur Boote gemächlich von links nach rechts.

Norm In der Ruderei unbekannter Begriff. Da jeder Bootsbauer sich bemüht, mindestens sechstausendsiebenhundertachtundvierzig Details im und am Boot anders zu machen als der Kollege, sind Boote und Zubehör niemals normal. Wie Ruderinnen und Ruderer.

Notlandung Eine Buhne mit Holz pflastern.

Notschrei „Ich glaub', die Dolle eiert!"

Nummer Im Boot ist es wie in der Bürokratie: Der Mensch wird zur Nummer. „Zwei — Blatt voll aufdrehen!" — „Eins — sauber auswaschen!" — Für besonders Schwerhörige auf den Rollsitzen: „Herr Docktorrr Drei — zieh durch und mach verdammt keine Lufthiebe!"
Sollten Sie versuchsweise auch einmal auf dem vordersten Platz im Boot mitgenommen und von der Steuerfrau angesprochen werden: „Eins — auf den Schlagmann achten!", so sollten Sie zurückfragen, ob der nicht selber auf sich aufpassen kann, Sie hätten mit Ihren beiden Ruderstangen schon genug zu tun.

O

Oberwasser Wasser, das ein kleines oder hunderttausend große Schwimmbecken füllen könnte. Das hängt davon ab, ob das Stauwehr vor einigen hundert oder vor wenigen Jahren aufgeschüttet oder betoniert wurde. Kein Fahrtleiter bricht eine Rudertour wegen dieses Stauwehrs im Oberwasser ab. Ob er aber ins Unterwasser vom Oberwasser über Wasser oder aber vom Oberwasser zum Unterwasser unter Wasser oder aber zum Unterwasser vom Oberwasser über Land nur kommt, ist nicht gewiß (siehe dazu Wehrübung, Schleuse, Kurbeln, Bootsgasse).

Oxford — Siehe Cambridge.

P

Paketfahrt — Ein Pulk von Booten, der keineswegs fährt, sondern als Verkehrshindernis mitten im Hauptfahrwasser treibt. Die Paketfahrt dient zum Austausch von Kuchen, Flaschen, Gurken, Frotzeleien, Sonnenöl und Dollenfett von Bord zu Bord sowie vergeblichen Versuchen, den anderen unbemerkt die Bootsflagge zu klauen.

Solange jemand eine Gitarre zupft, eine Quetschkommode drückt oder zu der Ruine auf dem Uferfelsen Moritaten von Kunibert dem Schweißfüßigen berichtet, bleiben die Boote unentwirrbar mit den Auslegern ineinander verhakt. Trotzdem schwärmt das Rudervolk dann blitzartig zornig aus, wenn ein Dampfer mit gewaltiger Bugwelle um die nächste Ecke rauscht.

Peikhaken — Speer mit Widerhaken. Nach dem Grundprinzip der Ruderei wurde auch die Pike des mittelalterlichen Fußvolks beiderseits mit Blättern ausgerüstet.

Der Peikhaken ist die traditionelle Waffe der Ruderer, die nach Gebrauch mit Stichwunden ins Krankenhaus eingeliefert werden. Die RDV (Ruder-Dienst-Vorschrift) besagt, daß der Steuermann immer zwei Hände am Steuer haben muß und mit der anderen den Peikhaken saugend schraubend umfaßt. Der Peikhaken darf nicht zum Angriff, nur zur Verteidigung (Abwehr attackierender Schwäne) eingesetzt werden.

Paketfahrt

Pinsel	Fahnenstange, über deren eines Ende eine Walze gedampft ist. Wird in zwei Größen als Riemen oder Skull geliefert und geschlagen. Der Pinsel hat einen dunkelweißen Manschetten-Griff nicht genau in der Mitte, den man besser nicht anfassen sollte. Den Pinsel zieht man durch meist schmutzigfarbene und selten klare Brühe und holt ihn dann zum Lüften wieder heraus. Dabei ist darauf zu achten, daß der Pinsel sauber ausgewaschen wird. Auf der Brühe erzielt man damit hübsche Kringel-Aquarelle.
Pullen	Sammelbegriff für allerlei Tätigkeiten wie Knüppeln, Skullen, Riemen, Vorschlagen, Kisteschieben, Krebsfangen, Lufthiebemachen, Durchschwimmenlassen, Hartinszeuglegen und Sotunalsob. Der Steuermann kommandiert des öfteren „Volle Pulle!", aber eine volle ist nur hin und wieder in einem Wanderruderboot zu finden, eher schon eine Mehrzahl von geleerten. Pullover wird äußerst selten als Aufforderung an eine Rudermannschaft gebraucht, im Fährdienst überzusetzen.

R

Radaddelchen	Nachfolger der früher üblichen Lorbeerkränze. Sammelbegriff für goldene, silberne, bronzene Taler an verschiedenfarbigen Bändern, Orden, Lametta und andere Dekorationen für erfolgreiche oder kilometerfressende oder — falls durch fünfundzwanzig teilbar — langjährige Puller und Beitragszahler.
Regatten	Diese Wettkämpfe finden auf Regattastrecken, außerdem laut Bekanntmachung des Ruderverbandes auf der zweiten Wettkampfebene statt. Wo dieses Flachland liegt und wie man darauf

Boote bewegt, darüber verweigern die Erfinder dieser zweiten Regattasorte die Aussage.

Im Gegensatz zu Boxkämpfen nehmen Regatten auf das Zartgefühl der Zuschauer weitgehend Rücksicht. Man bewundert in gebührendem Abstand die Schlagkraft der Rivalen, die samt ihren Booten meist als winzige Punkte am Horizont zu suchen sind. Gelegentlich sieht man sie auch ein bißchen näher, wenn sie übers Ziel hinausschießen.

Regattabahnen sind überall so ausgerichtet, daß die dort übliche Luftbewegung die Boote auf Bahn Eins und Zwei dem Ziel zuschiebt und den Ruderern auf Bahn Fünf und Sechs in den Rücken fällt. Oder umgekehrt. Daher kann es nicht verwundern, daß an den Regattabahnen die kleinen Buden fehlen, wo man auf Sieg und Platz wetten kann.

Ganz so leicht ist die Vorhersage aber doch nicht, weil die Luftbewegung auch noch unterschiedliche Wellen hier und dort über die Strecke schickt, zusätzlich zu der Brandung auf Bahn Drei und Vier, die das Schiedsrichter-Motorboot vom letzten Rennen hinterlassen hat. Immerhin: In jedem siebten Jahr siegt bei absoluter Windstille die zweitbeste Mannschaft. Die beste muß den Schiedsrichter hinter dem Feld her vom Start zum Ziel rudern.

Reizschwellen-überschreitung	1. Zeitpunkt im Training, in dem man den Trainer nicht erst nachher, sondern sofort umbringen will. 2. Extrem sparsame Kostümierung beim Faschingsfest im Bootshaus.
Riemen	1. Ausgefranstes, durchlöchertes Produkt vom Rind, dient zum Fußfassen. Riemen sind eine wichtige und daher unvollkommene Bootsausrüstung für das Gebot „Erst gurten, dann starten". Für dieses Angurten der Füße im Boot ist bislang keine Ausführung mit Sicherheitsbindung auf dem Markt. 2. Siehe Knüppel.

Riß	Zunächst die Form, in der viele gebogene dünne Holzblätter aufeinandergeklebt werden, bis ein brauchbares Ruderboot daraus wird. Aber auch der Spalt, mit dem ein unbrauchbares daraus wird.
Rollbahn	Der beste Interpret für die Rollbahn ist Ruderwart Rudi Rührholz, wenn er wieder einmal einem Neuling die Innereien eines Bootes vorführt: „Also wie kleine Dachrinnen sehn se ja aus, aber wennste denkst, da läuft der Schweiß drin ab, denn sitze im falschen Kahn. Nee, das sind so Schmalspurgleise, da kannste Teilstrecke drauf fahren, ehrlich. Die sind nämlich zum Komfort und zurück vonne Rollsitze.''
Rollsitz	Ein Skateboard mit begrenztem Aus- und Einzugsbereich, das als Hämorrhoidenschaukel dient. Der Rollsitz wurde so spät erfunden, daß die spanische Inquisition darauf kein Patent mehr anmelden konnte.
Ruderboot	Muskelbetriebenes Wasserfahrzeug, wird mit zwei bis sechzehn Holzstangen in Bewegung gesetzt. Der vier-, meist aber fünfstellige Kaufpreis steigt mit der Kenterfreudigkeit. Das Ruderboot ist Vereinseigentum. Also soll sich gefälligst der Vorstand um pflegliche Behandlung, irgendwo liegengebliebenes Zubehör und alles andere kümmern, damit der Kahn fahrbereit bleibt.
Rudergänger	Von Recht und Gesetz verordnete Person an Bord jedes Wasserfahrzeugs, das sich in Fahrt befindet. Der Rudergänger geht nicht rudern, wie es ein Ruderer tut, sondern steht am Steuerrad eines Schiffes herum. Da im Ruderboot weder gehen noch stehen vorgesehen ist, muß der Rudergänger dort sitzen. Der Rudergänger ist der einzige im Boot, der zum Rudern gegangen ist, aber nicht zum Rudern kommt.

Ruderkluft	Ruderinnen und Ruderer sind Individualisten. Sie bestimmen selbst, ob sie mit heilen, ausgefransten oder durchlöcherten Klamotten ins Boot steigen. Einige tauchen aber bei hochoffiziellen Anlässen in den vorgeschriebenen Farben mit Vereins-Emblem auf. Sonst sieht man im Boot alles aufgereiht, was sich möglichst beißt: giftgrün, signalrot, knallgelb und viel dunkelweiß. Im nächsten Jahr wird man nach schrillen Disharmonien zwischen Hemd und Hose wieder mehr leuchtende Kontraste zwischen linker und rechter Socke tragen.
Rudern	Wasserprügeln bei Sonne, Regen und Wind. Man unterscheidet 1. das gewöhnliche Gewohnheitsrudern. Wenn Sie auf detaillierte Beschreibung sehr erpicht sind, schauen Sie bitte unter Hausstrecke nach. 2. zwei weit verbreitete Sonderformen:

Rennrudern	Wanderrudern
An möglichst vielen Zuschauern vorbei	Durch möglichst unberührte Landschaft
wenn möglich, auf stehendem Wasser	wenn möglich, auf fließendem Wasser
auf dem kürzesten Wege	auf dem schönsten Wege
mit hohem Kalorien-Verbrauch	mit Kalorienaufnahme-Pausen
so schnell wie möglich die Knüppel schwingen	wenn möglich, geruhsam die Knüppel schwingen
um auf dem Siegersteg nach Luft zu japsen.	um mit Sonnenbrand und Mückenstichen heimzukehren.

Ruderverein	Organisierte Bande von Narren, die sich freiwillig zur Galeerenschinderei gemeldet haben und dafür bezahlen. Großkapitalist mit ausgedehntem Hausbesitz in bester Uferlage, Eigner einer großen Bootsflotte, infolgedessen ständig kurz vor

der Pleite, hält sich und die Bootsflotte mühsam mit Spenden über Wasser.

Als Akademischer Ruderverein schlagende Verbindung, wobei man Hölzer verwendet.

S

Schaumschläger   Erzeugt mit Rührbesen vor allem viel Schaum auf dem Wasser. Ziehen dürfen die anderen im Boot.

Schiedsrichter   Für die Aufgabe, im Rennen hinter den gestarteten Booten herzufahren, sucht man in der Ruderei immer wieder verzweifelt nach Menschen mit fünf Händen: eine für die Glocke, je eine für die rote und weiße Fahne, die vierte für das Megaphon. Da der Schiedsrichter im Motorboot stehen und nicht umkippen soll, ist die fünfte zum Festhalten am wichtigsten. Dennoch kann man notfalls darauf verzichten, wenn man den Schiedsrichter im Boot aufrecht fest verzurrt.

Der Schiedsrichter ist der oberste Gerichtsherr auf der Regattastrecke. Wenn 2 753 Zuschauer und sieben Funktionäre im Zielgericht bewundert haben, wie das Boot von der vierten Bahn den Kahn auf der ersten mitschiffs gerammt hat, entscheidet er endgültig, daß Startnummer Eins der Startnummer Vier auf Bahn Sechs vor den Bug gefahren und vom Rennen auszuschließen ist. Die im Wasser Schwimmenden vernehmen es mit Erstaunen.

Schlagen   In der Forstwirtschaft das Abholzen von Waldbeständen, Ausgangspunkt für die Herstellung von Ruderhölzern. Damit schlägt man ins Wasser und holzt so die Ruderstrecke ab.

Schlagfrau   Für die Fortbewegung von Booten mit mehr als einer Person ebenso benötigte Kraft wie der Schlagmann. Zum kleinen Unterschied siehe Schlagmann.

Schlagloch	Siehe Leck.
Schlagmann	Stärkster Wasserprügler hinten im Boot. Der Schlagmann zeichnet sich durch ein exzellentes Taktgefühl aus, das nur von den hinter ihm Sitzenden ständig angezweifelt wird. Das Ergebnis einer langjährigen wissenschaftlichen Untersuchung, bei der sich Professor Bodo Bugball einen Namen machte und seine Assistentin Dora Dollbord die Arbeit leistete, kann hier nur kurz skizziert werden: Während der Schlagmann den Takt vor allem mit Taktik schlägt, schlägt ihn die Schlagfrau wesentlich taktvoller. Der Schlagmann schlägt mit mehr Stehvermögen, die Schlagfrau mit mehr Sitzfleisch. Der Schlagmann ist schlagkräftiger, die Schlagfrau schlagfertiger. Die Auslage der Schlagfrau ist wesentlich ausgeprägter.
Schlagstock	siehe Knüppel.
Schlagwort	1. „Alles vorwärts — los!" 2. „Sind Sie bereit — los!" 3. „Êtes-vous-prêts — partez!"
Schlagzahluhr	Um den Gegner im Rennen zu schlagen, bedarf es einer hohen Zahl von Schlägen. Trainer, die nicht bis dreiunddreißig oder vierundvierzig zählen können, behelfen sich mit einem Spezial-Chronometer, wenn sie feststellen wollen, wieviel Schläge ihre Schützlinge austeilen.
Schlagzeug	Sofern Sie von all der Schlägerei immer noch nicht genug haben: siehe Löffel.
Schleuse	Ampelgeregelter Wasserfahrstuhl mit den beiden Etagen Ober- und Unterwasser, wird von Ruderbooten öfter als Ab- und weniger als Aufzug verwendet. Mannschaften, die ihr Boot mit der Bugleine oben am Poller festgemacht haben, können wenig später unten schwimmend bewun-

dern, wie ihr Boot senkrecht an der Schleusenwand hängt. Boote, die man nicht festgebunden hat, haben die Neigung, mit den Auslegern an den Leitern hängenzubleiben, die in die Schleusenwände eingelassen sind. Das führt ebenfalls zum Schwimmen der Mannschaft und zu noch mehr Bewunderung, weil das Boot dann sehr abstrakt dekorativ an der Wand hängt.

Schwäne Die Erfahrungen, die Tschaikowsky auf dem Schwanensee gesammelt hat, stimmen nicht unbedingt mit denen der Ruderer überein.
Grundsätzlich sind Schwäne friedlich und wollen meist nur ein bißchen an der Flagge knabbern, die am Heck flattert. Leider kann man einem Schwan Abweichungen von diesem Grundsatz erst ansehen, wenn man nahe herangekommen ist.
Der Steuermann ist gegenüber dem Postbeamten im Nachteil, denn bei Briefträger und Hund ist der Kampfplatz mit Zäunen, Mauern, Toren abgesteckt. Auf dem Wasser kann man nur ahnen, wo man in Kompetenzstreitigkeiten hineinfährt. Da bleibt nur die Flucht, wenn der Angreifer flügelschlagend aus dem Wasser rauscht und im Tiefflug heranbraust.

Schwielen Erkennungszeichen auf der Handfläche und auf der Po-Ebene, Folgen längerer Handarbeit im Sitzen. Zu der zweiten Sorte findet man Illustrationen bei Professor Dr. Rollingseat „Gemeinsamkeiten von Pinsel- und anderen Affen".

Segeln Versuch, mit Wind- statt Muskelantrieb voranzukommen. Bis man alle Ruderblätter in den Wind gestellt, einen alten Regenschirm aufgespannt oder eine Ölhaut als Segelfläche an Peikhaken befestigt hat, treibt das Boot schon um die nächste Kurve in den Gegenwind.

Skiff Boot für den Drahtseilakt auf dem Wasser. Man benötigt zwei Balance-Stangen. Daß ein Skiff schmal wie ein Gästehandtuch

ist, kommt voll zur Wirkung, wenn sich jemand mit breit gepolsterter Sitzfläche darauf niederläßt.

Skull	Riemchen, tritt nur paarweise auf. Das Skull ist eine Erfindung von Stewart Skull, der auf dem Cam (siehe Cambridge) mit dem Riemen im Einer nicht immer bloß Kreise fahren wollte. Wenn Ihnen das für ein so wichtiges Schlagzeug zu dürftig ist, blättern Sie bitte noch einmal zurück zu Kiste schieben. Dort sind Ihrer Fantasie keine Grenzen gesetzt, wenn Sie sich bei nochmaligem Lesen vorstellen, Sie hätten in jeder Hand eine Brechstange. Ein Skull ist jedoch ein zerbrechlicher Gegenstand. Die Skulpturen, die sich dabei ergeben, sind als Dekoration für die Hausbar sehr gesucht. Zusammenhänge zwischen dieser Suche und der Zahl der Skullbrüche im Ruderbetrieb wurden wissenschaftlich bisher nicht nachgewiesen. Bei der Wahl zwischen Skulls und Riemen sollten Sie bedenken: Mit Riemen sitzt man immer am längeren Hebel.
Spitzensportler	Erfolgreicher Wettkämpfer, der es spitzgekriegt hat, daß man damit Geld machen kann. Rarität in der Randsportart Rudern, die von Fernsehen und Presse nur am Rande wahrgenommen wird.
Stadtrundfahrt	Ruderstrecke in Amsterdam, Lindau, Lübeck, Ratzeburg und Venedig.
Start	Bitte stellen Sie sich vor, die Pferde auf der Rennbahn würden nicht vom Gatter vorn, sondern von je einem Jungen hinten am Schwanz zurückgehalten, bis es losgeht. Damit müßten Sie eigentlich voll informiert sein. Vielleicht sollte man aber noch hinzufügen, daß Regattastarts ohne Anpfiff, Startschuß, Countdown auskommen. Der Starter

befragt die Damen oder Herren in den Booten zunächst, ob sie fix und fertig sind, und fordert die Jungen dann auf loszulassen. Dazwischen legt er eine schwer zu kalkulierende Pause ein, was zu Fehlstarts führen kann. Dann sind die Damen oder Herren beim Gedankenstrich von „Sind Sie bereit — los" bereits los.

Steg Am Ufer festgebundenes Floß, in eintausendzweihundertvierunddreißig Konstruktionsvarianten an den verschiedensten Gewässern anzutreffen. Der Steg paßt sich nur nach Ansicht des jeweiligen Konstrukteurs jedem Wasserstand an und säuft unter jeder Achterbesetzung ab.

Stehen Stehen im Boot ist im Prinzip nicht vorgesehen, aber bei längerer Fahrt gelegentlich erforderlich zum Hose-Auslüften.
Ein Boot aber muß man mit den ersten Ruderschlägen erst einmal zum Stehen bringen, denn nur ein Boot, das steht, kommt gut vorwärts. Diesen Leitsatz bringt man jedem Anfänger bei. Es empfiehlt sich jedoch, nicht allzuviel über Grundregeln des Ruderns nachzudenken, sonst muß man sich wegen Paradoxie in Behandlung begeben.

Steinzeit Zeitalter, in dem die Menschen das erste Skiff und andere Ruderboote bauten. Da sie das Rad noch nicht erfunden hatten, verzichteten sie vorerst auf Rollsitze darin.

Stemmbrett Pedale für des Ruderers Beinarbeit, unzertrennliches Paar Holzsandalen an jedem Arbeitsplatz im Boot.
Das Stemmbrett ist stets in dem Winkel aufgerichtet, der mit Sicherheit zu Wadenkrämpfen führt.
Seitdem die Rennruderer mit den Holzsandalen im Boot nicht mehr vorliebnehmen, sondern lauthals nach eleganten Schuhen schreien, ist der Rennrudersport für die Vereine unerschwinglich geworden.

Steuer	Die Renn- wie auch die normalen Ruderer warten auf die nächste Steuerreform, denn bislang haben sie es mit unzulänglichen Konstruktionen zu tun. Egal, ob es sich um das am kunstseidenen Faden hängende Blättchen unterm Rennboot oder aber um das dicke Wackelbrett hinter der Gig in der Form altgermanischer Pferdeköpfe mit Zügeln dran handelt: zieht man an der Strippe, schwenkt der Bug wegen der Steuerprogression niemals oder nur für drei Sekunden genau in die gewünschte Richtung.
Steuerbord	Schlagen Sie gar nicht erst unter Backbord nach, das bringt auch nichts.
Steuerfrau	Acht- bis achtzigjährige Oberkommandierende an Bord. Sie zieht auch dann Leine, wenn die andern sich nicht einig sind, wo sie eigentlich hinwollen. Nach einer Untersuchung von Dr. Eva-Maria von Pulla ist die Steuerfrau acht Prozent linientreuer als der Steuermann.
Steuerleine	1. Angelschnur des Finanzamtes, an der jeder mit Einkommen oder Vermögen Belastete zappelt. 2. Ausgefranster Strick, der überkreuzliegend dazu dient, die nächste Buhne oder einen Schwimmer zu rammen. Dieser Strick reißt nur im dichtesten Schiffsverkehr endgültig.
Steuermann in der Gig	Späher, Kapitän und Strippenzieher eines Bootes. Der Steuermann darf als einziger voraussehen und hat vom vielen Um-die-andern-rumgucken einen Knick in der Optik. Die Folge davon ist, daß er sich nach Ansicht der Arbeiter an Bord ständig auf Kreuzfahrt befindet, vermutlich um U-Booten auszuweichen. Der Steuermann funktioniert nur fehlerfrei, wenn der nächste Gasthof anzupeilen ist.
Steuermann im Rennboot	Zwerg mit Lunge und Stimmbändern für hundert Phon, gleichbleibend auf Konfliktkurs mit dem Trainer, betätigt sich aber als

dessen Einpeitscher und Folterknecht. Der Steuermann geht nach jedem Sieg baden.

Die Worte, mit denen der Kleine acht völlig ausgepumpte und eigentlich schon zusammengebrochene Riesen ersucht, nun aber mal Druck zu machen und das Boot auf wirkliches Tempo zu bringen, hielt der Lektor dieses Buches leider nicht für druckreif.

Steuern

Die Steuern: höchster Kapitalaufwand bei Teilnahme am Wirtschaftsleben.
Das Steuern: Teilnahme am Rudersport mit geringstem Arbeitsaufwand.

Stippvisite

Gastspiel im Boot, wobei der Gast sein Ruderblatt ein wenig ins Wasser stippt. Die Stippvisite löst radikale Reaktionen der Intoleranz bei denjenigen aus, die den Stipper mitziehen müssen.
Toleriert werden aber Stippvisiten von freigebigen Mäzenen, potentiellen Bootsspendern, außerdem auch von Ministern, weil die sofort wieder aussteigen, wenn das Fernsehen abbaut und die Reporter ihre Kameras verstauen.

Streckenreportage

Da ein Regattabesucher auch mit gutem Fernglas nicht entdecken kann, was und wie da Rotes, Gelbes, Weißes, Blaues auf fernem Wasser vermutlich in Bewegung ist, hat Dr. Dr. Pit Pullmann die Zweitausend-Meter-Magnetbahn-Tribüne entwickelt. Mit ihr kann man aber erst im nächsten Jahr vom Start zum Ziel fahren. Bis dahin behilft man sich mit der Streckenreportage.
Mit perfektem Echo von einem zweiten Lautsprecher vernimmt der Zuschauerhörer
1. daß alle Boote beim Start gut abhandengekommen, Poseidon leicht zurückgeblieben, Rhenus und Hansa gleichauf sind, Neptun in Führung ist.
2. einige Takte von der ehemals blauen Donau.
3. daß jemand auf der Leitung herumtrampelt, und dazwischen Wortfetzen: „abgeschlagen" knackknack „zieht Hansa, nein,

es ist Rhenus" knackknack „mitreißend, wie sie die einfach stehenlassen" Knack.
4. wie dringend der Fahrer des Wagens ixensoviel gesucht wird.
5. knacklos, daß Rhenus weiter ausbauen kann, Neptun zurückgefallen ist, Poseidon sich absetzt, Hansa das Feld kontrolliert.

Ins Blickfeld kommen dann die Rückfälligen vor den Kontrolleuren und den Abgesetzten, während die anderen dahinten wohl immer noch beim Bauen sind.

Streichen Vorschriftswidrige und folglich meist verwendete Aufforderung zu ungewöhnlicher Pinselführung. Manchmal führt das Kommando tatsächlich dazu, daß man beim Vorrollen rückwärtsrudert.

Stromstrich Die Längsmarkierung auf fließenden Gewässern. Im Gegensatz zu der Leitlinie auf der Straße ist sie nicht unterbrochen und schweift in den Kurven von der Mitte meist weit nach außen ab. Regional ist der Stromstrich auch als die Mainlinie oder als das Blaue Band der sonst graubraunen Weser bekannt.

Auf dem Wasserstraßenstrich rudert es sich stromab am besten. Steuerleute, die nicht auf dem Strich bleiben, werden Herr oder Frau Dr. Blind tituliert.

T

Taufakt Feierliche Handlung, bevor ein Ruderboot erstmals bemannt oder befraut wird.

Ein Stapellauf findet nicht statt. Eine Sektflasche ist vorhanden, baumelt aber nicht an der Schnur, weil sie wesentlich widerstandsfähiger ist als die Außenhaut des Täuflings.

Der Vereinsbesitzer würdigt dies und den und jene. Die einzige Juniorin, die in offizieller Ruderkleidung herumsteht, läßt den

Pfropfen knallen, zieht die Flagge weg, die den Bootsnamen spärlich bedeckt hat, wünscht „allzeit eine Handbreit Wasser unterm Kiel" und läßt den Schaum aus der Flasche auf den Bug tröpfeln, damit noch reichlich zum Austrinken bleibt.

Trainer   Antreiber, Kumpel, Despot, Wegweiser, Stratege, Muskelspielleiter, Psychiater, Psychoterrorist, Reiseleiter, Schinder und Märchenerzähler all derjenigen, die sich dem Rennsport Rudern verschrieben haben.

Training   Das Eintrichtern von Mut, Muskeln und Motivation mit dem Ziel, eine Sammlung möglichst goldener Radaddelchen zu erwerben.
Jemand, der eigentlich nur ein bißchen Spaß am Rudern haben will, läßt sich vom September bis zum Juli auf eine Achtzig-Stunden-Woche mit nichts als Plackerei ein, gegen die bisher keine Gewerkschaft eingeschritten ist.
Das Ergebnis: Ein paarmal im Sommer darf der Geplagte auf Regattabahnen feststellen, daß die Schinderei anderer Ruderknechte wohl noch über gewesen sein muß.

Trittbrett   In einen Zug steigt man meist von einem Bahnsteig, in ein Ruderboot meist von einem Steg ein. Der kleine Unterschied dabei wirft grelles Schlaglicht auf die Narretei der Ruderer und die Unvernunft ihrer Bootsbauer: Man findet das Trittbrett dort an der Bahnsteigkante, hier zwischen den Gleisen.

Trophäe   An den Enden stark gezacktes, im übrigen gesplittertes und angeknackstes, dünnes Holzbrett, mehr lang als breit. Die Trophäe ist an der Wand über der Anrichte, neben dem Kamin oder hinter der Hausbar dekorativ plaziert und zeugt von den Ruderleistungen der Hausfrau oder des Hausherrn. Mit den von der Schiffahrtsstraßenordnung vorgeschriebenen lateinischen Schriftzeichen ist der Bootsname auf dem Brett auch aus größerem Abstand leicht zu erkennen.

U

Über Kiel einsetzen   Auch der Dümmste fällt nicht auf diesen Befehl herein, zur Ostsee zu fahren und dort das Boot zu Wasser zu bringen. Außerdem liegt Kiel oben auf der Landkarte, und so geht das ja wohl nicht. Merke: Ruderer sprechen das Wort kielunten „über Kiel" aus.

Umkleideraum   Rudergarderobe im Bootshaus. Wer viel Zeit in der frischen Luft auf dem Wasser verbringt, schätzt diesen Kontrast von Mief und Muff. Anheimelnd ist auch der Gesamteindruck mit all den Hemden, Handtüchern, Hosen, Pullis, Nierenschützern, einzelnen Schuhen und Socken, die anscheinend Generationen von Ruderern hängen- und liegengelassen haben.

Umtragen   Eine besonders beschwerliche von mehreren Möglichkeiten, wenn man unterhalb eines Wehres weiterrudern will, und zwar mit demselben Boot und unveränderter Mannschaft. Diese üble Schlepperei führt wegen der Länge von Ruderbooten meist zu einem größeren Verkehrsstau auf der Bundes- oder Nationalstraße an dem Wehr, gelegentlich auch zu Auffahrunfällen, aus denen die Boote unversehrt hervorgehen.

V

Venedig   Ort, wo man mit einem Knüppel rudern läßt, aber das Rudern mit mehreren Knüppeln entweder wegen zu schmaler Wasserstraßen oder wegen des wellenwerfenden Vaporetti-Verkehrs besser läßt.

Verein   Rudern kann man nur im Verein, es sei denn, man verfüge über
a) eine Wiese am Ufer,
b) ein verbrieftes Stegrecht,
c) einen Steg,

Venedig:
„Er hat die letzten Jahre in Venedig gelebt ..."

	d) einen Bootsschuppen, e) ein Boot mit allerhand Zubehör. Ist das alles vorhanden, wird der Spaß ganz allein bald zu stumpfsinnig. Man sucht ein paar gute Freunde, die mit ins Boot steigen, und schwups! — hat man wieder einen Verein.
Veteran	Ein im Dienst Ergrauter. Danach muß die Mehrzahl aller Ruderinnen und Ruderer nicht nur im Boot, sondern auch oft zum Tönen beim Frisör sitzen. Denn im ehrwürdigen Alter von siebenundzwanzig wird jeder Ruderer zum Veteran und in offiziellen Verlautbarungen als Alter Herr angesprochen. Allerdings ist er vorher mit achtzehn Lenzen vom Junior zum Senior gealtert und doch nicht ins Seniorenheim gesteckt worden. Gesucht wird noch die passende Bezeichnung für den Rentner oder Pensionär, der mit Siebzig oder Achtzig alljährlich dreihundert oder dreitausend Kilometer auf verschiedenen Gewässern knüppelt. Mangels geeigneter Fremdworte wird es wohl bei Knüppelgreis bleiben. Der zweite Buchstabe ist n, nicht r.
Vierer	Viersitzer nur, wenn ohne Steuerplatz, sonst Fünfsitzer.
Vorschläge	Im Pinselsport sind Vorschläge unerwünscht. Die Steuerleute weisen mit „Nicht vorschlagen!" immer wieder darauf hin. Im Ruderklub werden die besten Vorschläge an der Bootshaustheke geäußert und beredet. In Klubversammlungen wird vergeblich danach gefragt.
Vorstand	Im Gegensatz zum Deutschen Ruderverband hat jeder Ruderverein einen Vorstand. Dieser besteht aus dem Vereinsbesitzer und weiteren Beamten der gehobenen Rollbahn. Der Vorstand ist vor allem für hakende Rollsitze und lockere Schrauben im Boot, die leere Kasse, flaue Stimmung beim Sommerfest, das verstopfte Klo und jegliche Unordnung im Bootshaus verantwortlich.

W

Wanderfahrt

Rudertour zu neuen Ufern, in der kürzesten Form als Sonderangebot für den kostbarsten Sonntag der Woche oder ausgedehnter als Abenteuer-Urlaub auf Oberrhein, Mittelweser, Unterelbe. Angeboten werden tausende Sonnenkilometer zur Auswahl, zum Beispiel mitten im Alphabet solche auf Limfjord, Moldau, Nil, Orinoco, Po.

Das Abenteuer beginnt damit, daß die Touristen in den Booten Korkenzieher, Wein, Dollenfett, Wurst, Sonnenöl, Tomaten, Sitzkissen, Äpfel, Klebeband, Brot und Klopapier verstauen. Etwa in dieser Reihenfolge.

Was dann kommt, sind Gefahren, und da schlagen Sie es bitte auch nach.

Wanderschlag

Bootsantrieb, bei dem man während des Vorrollens zum nächsten Pinseleinsatz eine gemütliche Pause genießt. Sie dauert etwa drei Sekunden.

Wasser übernehmen

Wasser übernehmen ist der Auftakt zum Vollschlagen. Vollschlagen ist bereits das Finale vom Absaufen.

Der erste Akt beginnt mit dem Auftreten eines Lüftchens ab Windstärke Zwei oder eines motorisierten Wasserfahrzeugs. Bald darauf verheddert sich eine kleine Welle am Ausleger Backbord Zwo oder Steuerbord Drei und gischtet ein paar Spritzer als Dusche ins Boot. Im zweiten Akt werden die Füße der Insassen gebadet. Im dritten nehmen die Insassen bereits ein Sitzbad, aus dem sie aber schon nach kurzem in ein Vollbad überwechseln.

Wehrübung

Pinselsportler werden hin und wieder zu Wehrübungen gezwungen, und einige Gewässer bieten sogar reichlich viele Gelegenheiten für diese Manöver. Siehe Umtragen.

Wellen — Produkte von Wind, Schubschiffen, Personendampfern, Motorbooten. Der Wind hat einen Kapitän, den man doch wohl nicht verfluchen sollte.
Die Bootsbauer impfen den meisten Ruderbooten eine entscheidende Abneigung gegen alles ein, was über Kräuseln hinausgeht. Demzufolge reagieren diese Boote auf Wogen, Brandung, Gischt, Brecher, Grundwellen höchst allergisch mit Veitstanz, unkontrollierbarem Torkeln und Hopsen. Das Ergebnis ist unter Wasser nachzuschlagen.

Wende — Bei der enormen Wirksamkeit des Steuers an einem Ruderboot benötigt man die gesamte Außenalster, dreiviertel vom Wannsee oder den halben Bodensee, wenn man einen Achter in die Gegenrichtung bringen will. Solche Wendekreise stehen auf den meisten Gewässern nicht zur Verfügung. Als Wende-Manöver versuchen Ruderer daher immer wieder, ihr Boot mit einem wilden Gestrampel der Ruderblätter auf der Stelle zu drehen. Ein Doppelachter sieht dabei wie ein beschwipster Tausendfüßler aus.

Werbung — Kundenfang tut not, wenn man dem Mitgliederschwund abhelfen will, der im Wassersport Fluktuation genannt wird. Auch der Ruderverein braucht neue Werbe-Ideen, seitdem beim letzten Tag der offenen Bootshaustür zuviele Besucher mit dem Steg abgesoffen sind und andere mit durchschlagendem Erfolg in den Vierer stiegen, der in der Bootshalle auf Gurtböcken aufgebaut war. Für die Vereine und seine Verbandsbeiträge wird auch der Ruderverband aktiv. Mit Spannung erwartet man die Erfolgsstatistik des eben angelaufenen Werbefeldzuges. Sicher sind auch Ihnen die ganzseitigen Illustrierten-Anzeigen der Vorwoche aufgefallen mit dem Slogan: Mach dir ein paar schöne Stunden — feg den Bootsplatz.

X

Xanthippe Ehefrau eines Ruderers, den man zu allen Stunden aller Werk-, Sonn- und Feiertage im Boot oder beim Werken an Booten oder sonst bestimmt an der Bootshaustheke trifft. Vielmehr: traf — denn die Xanthippen sind längst ausgestorben. Bei Beginn der sogenannten Emanzipation versuchten sie, als Steuerfrauen im Boot den Ton anzugeben, und wurden von den rudernden Damen und Herren gemeinsam ohne Aufsehen neben dem Boot zur Ruhe gebracht. Auf manchen Wasserflächen blubbert es noch gelegentlich von den letzten im Hals steckengebliebenen bösen Worten.

Y

Yeti Schneemensch im Himalaya, etwa so legendär wie der Rudi Meyer (vielleicht auch der Hansi Becker oder der Karli Müller), der durch die Erzählungen einer abendlichen Ruderrunde geistert und anno damals mit dem Achter auch die Boje versenkt, auf der Luftmatratze auf der Donau seinen Rausch ausgeschlafen, heil übers Wehr gekommen, aber dann im ruhigen Wasser ... undsofort bis in den Morgen hinein.
Der Wahrscheinlichkeitsgrad ist schwer zu messen, wenn behauptet wird, er sei aufgetaucht, wieder eingestiegen und als Sieger durchs Ziel gefahren (möglich), habe vor lauter Kohldampf Stemmbrettriemen mit Dollenfett drauf vertilgt (na, ja!) oder sei in den Weilburger Tunnel gerudert und aus dem Binger Loch herausgekommen (kann ja sein).

Z

Ziel

Im Gegensatz zu anderen Sportlern haben Ruderer niemals ein Ziel vor Augen. Manche von ihnen, die ungeachtet dieser Tatsache ein Ziel anstreben möchten, schleppen einen männlichen oder weiblichen Ballast mit, der es in ihrem Auftrag und selten zu ihrer Zufriedenheit ansteuert.

Die anderen, die ohne solche Zuladung ein Ziel verfolgen, müssen oft Rückschau halten, was ihnen bevorsteht. Auf der Straße erkennt man Ruderer mit solchem Verfolgungskomplex unschwer am Wendehals-Symptom.

Das Ziel von Ruderrennen ist eine Linie, die man sich auf dem Wasser denken muß. Schwimmer, die dort vor jedem Rennen ein Band spannen, findet man kaum, seitdem es Schiedsrichter-Motorboote gibt.

Zielgericht

Am Ziel sitzt das Zielgericht. Zusammengesetzt ist es aus Ruder-Veteranen, die ihre Brillen zu Hause vergessen haben. Immer dann, wenn das Zielfoto nur Wischiwaschi zeigt oder der Zielcomputer Ladehemmung hat, einigen sie sich auf totes Rennen und erklären alle Beteiligten zu Siegern. Wenn ein Boot meilenweit vor allen anderen vorbeigefahren ist, aber Uneinigkeit besteht, ob die Startnummer Drei oder Fünf daran war, stimmen sie mit einfacher Mehrheit ab.

Zweier ohne

Da ein Doppelzweier mit der doppelten Zahl Ruderhölzer angetrieben wird, sollte dieses Boot ohne betrieben werden. Meist fehlt aber nur der Steuermann.

Zyklus

„Vorrolln, aufdrehn, Blatt ins Wasser haun, durchziehn und retourrolln, Knüppel außem Handjelenk schütteln und flachmachen, vorrolln, aufdrehn, durchziehn und jedesmal, wennste dich jebauchpinselt fühlst, fängt det Jedöns wieder von vorne an."

Es klingt natürlich ganz anders, ob Sie es nun am Wannsee oder an der Alster, am Rhein oder an der Donau hören. Beschrieben wird Ihnen auf dieselbe Weise überall der gleiche Zyklus, dessen Ende die Ruderknechte auf den letzten Metern Regattastrecke oder nach siebzig Tageskilometern Wanderfahrt ebenso herbeiwünschen wie Sie das Ende dieses Buches.

Fröh·li·che Wör·ter·bü·cher von A bis Z

ISBN 3-8231-0135-8

ISBN 3-8231-0126-9

ISBN 3-8231-0127-7

ISBN 3-8231-0139-0

ISBN 3-8231-0116-1

ISBN 3-8231-0105-6

ISBN 3-8231-0138-2

ISBN 3-8231-0136-6

ISBN 3-8231-0159-5

ISBN 3-8231-0110-2

ISBN 3-8231-0162-5

ISBN 3-8231-0101-3

ISBN 3-8231-0120-X

ISBN 3-8231-0137-4

ISBN 3-8231-0121-8

ISBN 3-8231-0152-8

ISBN 3-8231-0157-9

ISBN 3-8231-0122-6

ISBN 3-8231-0144-7

ISBN 3-8231-0114-5

TOMUS-Bücher

ISBN 3-8231-0113-7

ISBN 3-8231-0107-2

ISBN 3-8231-0128-5

ISBN 3-8231-0112-9

ISBN 3-8231-0149-8

ISBN 3-8231-0147-1

ISBN 3-8231-0129-3

ISBN 3-8231-0143-9

ISBN 3-8231-0119-6

ISBN 3-8231-0123-4

ISBN 3-8231-0134-X

ISBN 3-8231-0154-4

ISBN 3-8231-0163-3

ISBN 3-8231-0164-1

ISBN 3-8231-0124-2

ISBN 3-8231-0140-4

ISBN 3-8231-0117-X

ISBN 3-8231-0156-0

ISBN 3-8231-0109-9

ISBN 3-8231-0102-1